Centella. Mi Caballo Mágico

Centella

Mi Caballo Mágico

Margarita Díaz

Círculo Rojo
EDITORIAL

Primera edición: Mayo 2024

Depósito legal: AL 999-2024

ISBN: 978-84-1073-278-0

Impresión y encuadernación: Editorial Círculo Rojo

© Del texto: Margarita Díaz
© Ilustraciones: Ana Tejedor, Círculo Rojo
© Maquetación y diseño: Equipo de Editorial Círculo Rojo

Editorial Círculo Rojo
www.editorialcirculorojo.com
info@editorialcirculorojo.com

Impreso en España — Printed in Spain

n una pequeña y humilde finca, vivía una familia muy feliz. Esa familia estaba constituida por tres personas: el señor se llamaba Eloy, la esposa Elvira y su pequeño hijo Gabriel. Su vestimenta era muy humilde: casi siempre pantalones caqui y camisas blancas con guardacamisas; y la señora usaba vestidos de pequeñas flores y largos debajo de las rodillas. Elvira era una mujer muy fina, blanca, rubia, de ojos azules, de descendencia española. Eloy era de cuerpo fuerte y de descendencia india (indio, no de la India); y Gabriel era hermoso, tenía rasgos de su madre y de cuerpo fuerte como su padre. Ellos tenían muchos animales: vacas, chivos, gallinas, caballos, un perro llamado Capitán y unas yeguas. Su finca quedaba en un hermoso valle, había un bello y caudaloso río. Tenían siembra de hortalizas, maíz, y había árboles frutales. Esa era la mejor casita y finca de la región, y las casas quedaban muy separadas una de la otra, pero todos se conocían y tenían una buena relación entre vecinos. El clima era muy fresco y en las mañanas la fresca neblina cubría todo. Sus días eran muy felices. Mientras Eloy trabajaba el campo, Elvira hacía los quehaceres del hogar y Gabriel iba a la escuela.

Un día llega la tristeza a la humilde casa: Elvira, la madre de Gabriel, enferma, se pone muy mal, y a los pocos días Elvira muere. Todos quedaron muy tristes. Gabriel lloraba todo el tiempo por la ausencia de su madre y Eloy también estaba muy triste y deprimido; lo que hacía era trabajar duro para olvidar su dolor.

Al paso del tiempo en el pueblo llega un circo, que andaba haciendo presentaciones en cada pueblo cercano. Esa mañana Eloy se levantó muy temprano, como de costumbre, y fue al pueblo por sus compras para abastecer su hogar de alimentos.

Al llegar al pueblo, vio que están montando el circo. Le llamó mucho la atención, ya que no estaba acostumbrado a ver gentes desconocidas y con vestimentas extrañas para él. Al pasar, vio a mujeres, niños y animales en el circo. Y entre las personas vio una hermosa mujer que le llamó mucho la atención, con rasgos similares a su difunta esposa. Eloy se fue a su casa, pero no podía olvidar a la bella mujer que vio a lo lejos en el circo.

Pasaron dos días, ya el circo estaba haciendo sus funciones y Eloy con ganas de ir a ver a la bella mujer que lo había dejado impactado; pero como él era de carácter serio, recio, no le parecía ir a ese sitio. Al fin se decidió, llamó a Gabriel y le preguntó si quería ir al circo, y por supuesto Gabriel contento y emocionado le dijo a su padre que sí. Al llegar la tarde, se preparan, Eloy se echa mucho perfume y se van al circo.

Al llegar al circo, comienzan las funciones. Gabriel estaba feliz. Al terminar las funciones en el circo, como había animales, y entre ellos caballos (Eloy y Gabriel sentían gran pasión por los caballos), y Eloy se dirigió a ver los caballos. Al rato una bella mujer se acerca; era esa bella mujer por la cual Eloy había ido al circo. Eloy se emocionó y con voz entrecortada la saluda y ella respondió al saludo; luego comienzan una plática sobre los caballos, ya que tenían los mismos gustos. Así transcurrió el resto de la tarde.

Eloy regresa a la casa, pero había quedado flechado por la bella mujer del circo. Pasó toda la noche pensando en ella, no podía dormir, y no sabía cómo decirle a esa bella mujer lo que ella había despertado en él. Eloy creía que después de la muerte de su esposa él nunca más se volvería a enamorar, pero no fue así, se sentía como un adolescente.

Al amanecer, Eloy se levantó temprano para hacer su rutina de trabajo y luego se fue al pueblo, se cortó el cabello, se compró ropas nuevas y emocionado esperando la tarde para volver a ir al circo y ver a la bella mujer, y Gabriel feliz porque volvería a ir al circo, ya que él salía muy poco porque no había grandes cosas que ver en el pueblo.

Transcurren los días y Eloy hacía todos los días la misma rutina, ya casi ni trabajaba, solo pendiente de la bella mujer, y la bella mujer también se estaba enamorando de Eloy.

Llegó el día que el circo se iría del pueblo a otro pueblo. Eloy se pone triste porque ya no volverá a ver a la mujer de quien se enamoró como loco. En ese momento decide proponerle a la bella mujer que no se vaya, que se quede con él. A ella le costó tomar la decisión porque estaba acostumbrada al estilo de vida que tenía, pero al final decide quedarse con Eloy.

Esa noche era la última función del circo, fue emocionante la despedida. Al terminar la función, Susana (así se llamaba la bella mujer del circo) recoge sus pocas cosas para irse a vivir con Eloy y su pequeño Gabriel. Susana se sentía rara o incómoda, ella no sabía lo que era tener un hogar, una familia, ya que la única familia que conocía eran todas las personas del circo, y todos se trataban como una gran familia.

Llegó el momento. Eloy feliz se llevó a Susana a su casa, pero todo no era felicidad para Gabriel. Él no se sentía bien del todo, extrañaba a su madre, y ahora una extraña para él viviría con ellos. Eloy comienza una nueva vida con Susana. Esa nueva relación le dio fuerzas a Eloy para seguir adelante. Eloy estaba más pendiente de la pequeña finca, de las siembras y de los animales; tenía otro motivo para vivir además de Gabriel, que hasta ese momento era su todo para él.

Gabriel era un niño muy educado, de buenas palabras, aislado y de pocos amigos, solitario pero muy soñador. Transcurren los días y Eloy feliz con Susana y cada día se aleja más de Gabriel, ya casi ni compartía con él, no le preguntaba por sus cosas ni cómo se sentía. Gabriel en cierta manera pensaba que Susana le había robado el amor de su padre, en cierta forma era así.

Gabriel iba a la escuela y al regresar a la casa se refugiaba en los animales, en especial los caballos. Se iba a montar caballos por el campo y regresaba a la casa al atardecer. Ya cansado se bañaba, cenaba

y se iba a dormir. Así transcurrían sus días y fue pasando el tiempo, y no había cambios en su vida, todos los días eran casi iguales.

Para más felicidad de Eloy, Susana sale embarazada. Eloy, superfeliz con la noticia, porque era lo que faltaba para fortalecer más la relación. No querían decirle a Gabriel porque no sabrían cómo iba a tomar la noticia, si se alegraría por tener un hermano o se pondría triste porque se sentiría desplazado por su hermano.

Un día en el desayuno antes que Gabriel se fuera a la escuela, Eloy le da la noticia a Gabriel de que va a tener un hermanito. Gabriel quedó impactado, se levantó de la mesa y salió corriendo. Se fue a las caballerizas, donde estaban los caballos; luego tomó un caballo y se fue a galopar al campo, y no regresó a la casa en todo el día. Solo lloraba y pensaba que su padre ya no lo iba a querer como antes y que tampoco tenía a su madre, se sentía muy solo. Ese día no fue a la casa ni a comer, solo comió frutas en el campo.

Al llegar la tarde, Gabriel no había regresado a la casa. Eloy se preocupó y salió a buscarlo, pero ya Gabriel venía de regreso muy triste. Eloy era un hombre de campo y de pocas palabras pero muy inteligente; aún no conseguía las palabras adecuadas para consolar a Gabriel. Al final le dijo que lo amaba mucho y que él siempre iba a ser su rey y que nunca sería desplazado por otro hijo, porque él fue quien lo hizo ser padre. Gabriel no muy convencido quedó más tranquilo, pero esas palabras de su padre le tocaron el corazón, en especial esa de que era el rey de su padre.

Gabriel trató de adaptarse a las circunstancias y seguir adelante con sus ocupaciones. Pasa el tiempo y el embarazo de Susana sigue creciendo y Susana empieza a tener cambios con Gabriel: todo lo que Gabriel hacía le molestaba. Comenzó a tratarlo mal y le dijo que, si le decía a su padre, lo iba a tratar peor y lo castigaría. Gabriel sufría en silencio porque no podía decirle a su padre lo que estaba sucediendo.

Dentro de tantas cosas tristes, Gabriel recibe una buena noticia y una gran alegría invadió su cuerpo y su corazón: su yegua

estaba embarazada y tendría a su caballito muy pronto. Esa tarde Eloy recibió en el parto a un hermoso caballito blanco con pequeñas manchas marrones. Al momento del nacimiento del pequeño caballito, el tiempo se puso oscuro, listo para llover muy fuerte. Empezó a llover, pero de pronto apareció un gran arco iris, con sus colores muy vivos, y detrás un sol resplandeciente y hermoso; luego vino un atardecer especial mágico, bello, que nadie comprendía y que no había pasado antes. Eloy estaba sorprendido porque nunca había visto algo igual. Luego Eloy llama a Gabriel para que venga a las caballerizas a ver a su pequeño caballito, y desde el primer momento que se vieron, hubo una gran conexión entre ellos. Gabriel no quería salir del establo, pendiente del pequeño caballo. En la noche recordó todo lo que sucedió cuando nació y decidió llamarlo Centella por las centellas de luces de esa tarde.

Al día siguiente, cuando Gabriel fue a ver al caballito, le dijo:

—Mi pequeño amigo, te llamarás Centella.

Gabriel siguió con sus labores y rutinas diarias. Al llegar del colegio, primero iba al establo para pasar a ver a quien se convirtiera en su mejor amigo.

Pasaron los días y Susana da a luz a su bebé, fue varón también, y Eloy estaba superfeliz. Hizo una pequeña fiesta de bienvenida para él bebé. Ahora se complican más las cosas para Gabriel, porque si Susana da a luz una niña, hubiera sido diferente, pero fue varón, y en los tiempos pasados, cuando los padres tenían otro hijo del mismo sexo que ya tenían, le decían al niño grande que lo habían botado; era un decir, pero a la vez Gabriel se sentía feliz porque tenía un hermanito, una experiencia nueva para él, porque siempre fue hijo único.

Al pasar los días, Gabriel se acercaba al bebé, lo veía hermoso, parecía un muñequito, pasaba horas mirándolo cuando estaba Eloy, porque cuando Eloy no estaba, Susana no dejaba que Gabriel se acercara al bebé, le decía que estaba sucio de los caballos

y el monte, y Gabriel se iba a donde estaba su caballo. Gabriel le contaba todo lo que le sucedía a su caballo Centella. Gabriel hablaba con su caballo porque no tenía a quién contarle sus cosas ni lo que le sucedía, su caballo era su mejor y único amigo.

Gabriel, cuando llegaba de la escuela, pasaba directo al establo para ver a su caballo y, mientras acariciaba su caballo, empezaba a contarle todo lo que había hecho, cómo le había ido en el día, lo que pensaba; y cuando estaba triste por algo, lloraba con él.

Un día Susana trató tan mal a Gabriel, porque lo culpaba de todo lo malo que sucediera, tuviera o no Gabriel la culpa, que Gabriel se fue a contarle al caballo llorando desconsolado, pero no se imaginó lo que sucedería. De pronto, el caballo, al verlo triste y llorar por mucho tiempo, le dijo:

—Quédate tranquilo, que un buen día nos vamos de aquí.

Gabriel, con esos ojos más pelados del asombro y la impresión por escuchar que su caballo hablara, arrancó a correr y salió del establo y se fue al río, se lanzó al agua. Decía:

—Yo estoy loco, eso no puede ser. —Se lo repetía muchas veces—. Eso no puede ser.

Esa tarde Gabriel ya no regresó al establo, se fue a la casa, y en la noche acostado trataba de reflexionar por lo que había pasado.

Al final se quedó dormido y tuvo un sueño con su caballo Centella, donde él lo montaba y galopaba tan fuerte que sentía que volaba. Fue tan hermoso el sueño y Gabriel lo sintió tan real que a la mañana siguiente, antes de Gabriel irse a la escuela, primero fue al establo a ver a su caballo Centella, lo abrazó muy fuerte y le dijo que lo amaba mucho, y Centella respondió:

—Yo también.

Pero Centella, su caballo, hizo prometer a Gabriel que nadie debería saber que él hablaba, que ese sería su secreto, porque si se enteraban, los separarían y él moriría de tristeza. Gabriel, un tanto confundido, le hizo la promesa y le dijo que serían amigos por siempre.

Ya Gabriel no se sentía tan solo; su familia lo ignoraba, pero tenía a su mejor amigo, su caballo Centella. Pasaron los días y el bebé de Susana crecía y crecía, y Susana seguía con la misma postura de no dejar que Gabriel se acercara al bebé. Ya Gabriel se estaba acostumbrando y no se acercaba al bebé para evitar tener problemas con Susana.

Un día están todos reunidos y Eloy le pide a Gabriel que, por favor, le lleve al bebé y Gabriel le contesta que no puede porque a Susana no le gusta que él se acerque al bebé. Eloy se enojó mucho y allí fue que se dio cuenta de la rivalidad que había entre Susana y Gabriel. Esa noche Eloy discutió con Susana y Susana se enojó aún más con Gabriel.

A partir de ese día Susana le empezó a hacer la guerra a Gabriel, no le lavaba las ropas ni le daba de comer. Gabriel comía solo cuando Eloy estaba que le daba comida para que Eloy no se diera cuenta de que ella odiaba a Gabriel y que quería hacerle mucho daño. Gabriel se empezó a dar cuenta de que Susana lo trataba peor que antes y decidió pasar menos tiempo en la casa.

Susana quería que Gabriel se fuera de la casa, pero no sabía qué hacer sin que ella saliera perjudicada ni que Eloy se diera cuenta de lo que ella hiciera. Empezó por no lavarle las ropas ni le guardaba comida. Gabriel se puso triste y lloraba porque le hacía falta su madre. Gabriel se conformó y disimulaba delante de Eloy para que no se diera cuenta de lo que estaba pasando. Gabriel no quería que ellos pelearan por su culpa, Gabriel comía cuando Eloy estaba allí en la casa.

Para Gabriel su única alegría y felicidad era su caballo Centella. Un día Gabriel fue a la escuela, ya estaba por salir de la primaria y, cuando regresó de la escuela, pasó por el establo y miró que Centella su caballo estaba triste. Gabriel le preguntó qué le sucedía y Centella respondió que él estaba triste porque Susana lo quería matar. Gabriel sorprendido le dijo a Centella que cómo lo querían matar. Centella respondió:

—Susana te quiere envenenar, así que, cuando llegues a la casa, ella te va a ofrecer agua. El agua tiene veneno. No te la tomes; agárrala, bótala y dile que tenía una mosca.

Gabriel, precavido de lo que le dijo su caballo Centella, llega a la casa y todo sucedió como Centella le dijo. Gabriel más se asustó y ahora Gabriel le tenía mucho miedo a Susana.

Cuando Gabriel llega a la casa, Susana tenía la comida servida como nunca. Gabriel le dijo que no tenía hambre y Susana muy amable le dijo:

—Bueno, por lo menos tómate el agua, que vienes cansado y sofocado.

Gabriel impactado le respondió como le dijo Centella que hiciera: dijo que el agua tenía una mosca y la botó. Susana enojada no sabía qué pudo haber pasado, que no pudo envenenar a Gabriel, si no había manera de que Gabriel supiera las intenciones de Susana.

Y así pasaron los días y Susana tramando qué hacer para matar a Gabriel, porque le envenenó el agua y había fallado.

Gabriel, como todos los días, al llegar del colegio, primero pasa por el establo. El caballo Centella, otra vez triste, y Gabriel le preguntó qué le pasaba, y le dijo:

—Susana te quiere envenenar.

—Vale, tranquilo, eso no sucedió —respondió Gabriel.

Centella, preocupado, le dijo que ahora le envenenaría la comida. Gabriel cuidadoso y precavido se iba a su casa. De pronto, aparece Susana en el establo con una comida y muy amable le dice a Gabriel:

—Te vi llegar y te traje la comida para el establo porque voy a salir.

De pronto, Centella se puso todo relinchón, se paró en sus dos patas traseras y con una de sus patas delanteras le dio un golpe en las manos a Susana y le botó la comida. Susana, enojada, quiso pegar a Centella, pero Gabriel no se lo permitió y se fue a la casa peleando en contra de Gabriel y su caballo.

Gabriel quedó en el establo con Centella. En ese momento, Centella le propone a Gabriel huir de la casa y Gabriel acepta, pero le dice a Centella que espere que lleguen las vacaciones de la escuela. Susana sigue planeando cómo matar a Gabriel y decide poner en el piso alfileres envenenados. Ese día Gabriel llega de la escuela y como todos los días pasó al establo y volvió a ver a su caballo Centella triste, y le preguntó a Centella:

—¿Ahora qué te sucede? No me digas que Susana sigue con la idea de intentar matarme otra vez.

Centella le dice que sí.

—Ahora puso alfileres envenenados en el piso para que, cuando tú entres, te pinches con los alfileres y mueras envenenado.

—¿Y ahora qué hago?

Centella le dice:

—Bueno, cuando vayas a entrar a la casa, entra saltando. Si Susana y Eloy te preguntan por qué saltas así, diles que ese fue un ejercicio que te mandaron de la escuela.

Efectivamente, Gabriel al llegar a la casa entró saltando y Eloy le pregunta que si él estaba loco, por qué él entra saltando a la casa, y Gabriel le contestó como le dijo Centella que hiciera. Le dijo:

—No, padre, estoy practicando un ejercicio que me mandaron de la escuela.

Gabriel se libra otra vez de morir en manos de su madrastra Susana y muy preocupado por lo que sucedería luego le dice a Centella:

—¿Y ahora qué hago? Me da miedo que Susana intente matarme otra vez.

Gabriel va al colegio y como de costumbre al regresar pasó por el establo y abrazó fuerte a su caballo Centella, y le dice que no quiere ir a la casa. En ese momento su caballo Centella le dice que se escapen. Allí planean todo para el día siguiente: Gabriel sacará sus pocas ropas en la mañana y las llevará al establo para, cuando él regrese de la escuela, pasar por el establo; entonces se escapan.

Gabriel estaba asustado, quería irse, pero no sabía cómo decirle a Eloy, su padre. Centella le dice a Gabriel:

—Cuando vengas de la escuela, sigues al establo, montas tus pocas cosas en mi lomo y luego te montas tú, y nos vamos a galopar. Yo le voy a dar vueltas a la casa. Cuando tú veas que yo marque los cuatro cascos de sudor, le pides la bendición a tu padre, que nos vamos.

Gabriel, totalmente de acuerdo, hizo lo que su caballo Centella le había dicho. Llega el día del escape, Gabriel va al colegio. Regresó, pasó por el establo, montó sus cosas, le dio agua a su caballo y se montó. Centella comenzó a galopar y, al dar tres vueltas alrededor de la casa, marcó los cascos de sudor. Gabriel entendió que era el momento y le dice a Eloy:

—La bendición, papaíto, que me voy.

En ese momento, Centella agarró camino a todo galope.

Todos quedaron sorprendidos con lo sucedido. Eloy y Susana vieron como Gabriel se alejaba de su casa galopando en su caballo. Gabriel se quería ir lejos, no al pueblo cercano, porque su padre lo encontraría y lo obligaría a regresar.

Cuando ya tenían horas de camino, Gabriel no sabía qué hacer ni dónde ir, y deciden parar para descansar un poco tomar agua porque estaban muy cansados. Centella acepta y, al frente, no muy lejos, ven un árbol grande a la orilla de un hermoso río y deciden parar allí. Centella le pregunta a Gabriel si tenía hambre y Gabriel contesta que sí, pero qué iba a comer, si no tenían comida; lo único que había era agua, y del río. Y no había ni bodega para poder comprar algo, estaban en medio de la nada.

Allí le contesta su caballo Centella:

—Arranca un cabello de mi crin, préndelo, cierra los ojos, pide un deseo de lo que quieras comer.

Gabriel algo incrédulo hizo lo que su caballo Centella le dijo. Gabriel no conocía mucho de comidas, estaba acostumbrado a lo básico que comía en su casa; aun así, su deseo era que quería

comidas muy ricas, las mejores comidas, las mejores bebidas, las mejores frutas y los mejores postres.

Nunca se imaginó lo que verían sus ojos al abrirlos: había un banquete frente a él. Gabriel no lo podía creer y no sabía cómo eso fue posible. Allí agradecido comió y bebió lo que nunca había probado. Estaba feliz y satisfecho, pero a la vez triste porque había abandonado a su padre. Después de la comelona se recostó un poco y se quedó dormido. Cuando despertó, lo arropaba la noche más hermosa que había visto, las estrellas más brillantes y la luna más radiante. Ya era pasada la medianoche, se quedó admirando todo hasta el amanecer.

Gabriel era apenas un adolescente; se sentía extraño, inexperto; no sabía qué hacer ni dónde ir; pero se sentía libre como un pájaro y su única compañía era su caballo Centella. En ese momento, Gabriel reacciona y se da cuenta de que ya está solo y que tiene que decidir qué hacer. Gabriel era poco ambicioso, se conformaba con poco, nunca había tenido fortuna ni grandes cosas.

Al amanecer siguieron su rumbo. Pasaron horas más de camino hasta llegar a un pueblo. Allí deciden quedarse. Gabriel era un adolescente, pero como se había criado en el campo, sabía todo el manejo de una finca y de la siembra.

Al llegar al pueblo, conoce a un señor que tenía una gran finca. Gabriel era como su padre, Eloy, tímido, de pocas palabras, pero muy educado y de buen hablar. Logra hablar con el señor, le pide empleo y le dice que si se puede quedar también su caballo. El señor estaba necesitado de personal y aceptó, le dio el empleo a Gabriel.

Pasaron años y Gabriel aún trabajaba con el buen señor, quien estaba muy satisfecho con la labor realizada por Gabriel. Allí Gabriel se hizo un gran hombre, fuerte y apuesto.

Un buen día, Gabriel decide seguir su rumbo e irse a la ciudad, quería conocer otras cosas. Gabriel habló con su patrón y le dijo que no iba a poder seguir trabajando porque quería conocer la

ciudad, y su patrón no se opuso y le dijo que estaba muy bien. El señor de la finca quería a Gabriel como a un hijo, le dio un buen dinero, y Gabriel tenía algo ahorrado también, ya que en la finca él tenía todo y no gastaba mucho solo en sus cosas personales.

Esa noche Gabriel arregló sus cosas y al amanecer ensilló su caballo y salió rumbo a la ciudad. Al llegar a la ciudad, renta una habitación y consigue un sitio donde dejar a su caballo Centella.

Ya estando alojado en la ciudad, se corre la voz en la ciudad de que el rey Luis Alberto daría una gran fiesta para elegirle el esposo a su hija, la princesa Arantza.

El rey, Luis Alberto, empieza a pasar las invitaciones a todos los jóvenes apuestos y a todas las familias de la alta sociedad de esa ciudad, y a Gabriel le entregan una invitación para la gran fiesta. Se sentía una emoción entre todas las personas de la ciudad, en especial los jóvenes. Todos andaban como locos arreglándose el cabello, comprando ropas nuevas, esperando el día para el gran evento. El rey era muy estricto y tenía mucho tiempo sin hacer fiesta en el castillo, pero como ya estaba muy mayor, decide casar a su hija para que así llegara su reemplazo al reinado, o sea, el próximo rey.

Llegó el día del evento. Todas las personas preparándose y arreglándose para ir a la gran fiesta, los hombres y las mujeres escogiendo sus mejores trajes de gala y los jóvenes emocionados porque querían que la princesa los escogiera. La princesa era muy hermosa y la única hija del rey.

Llega la hora de la gran fiesta y empiezan a llegar todos los invitados. En la fiesta había las mejores comidas, bebidas y postres; era un gran banquete, y sin hablar de la música, pues estaban los mejores grupos de la época. Todos estaban felices disfrutando, bailando, tomando y comiendo.

Ya casi la medianoche, llega la hora de seleccionar al ganador para que sea el esposo de la princesa Arantza. En el gran salón se hace una gran rueda con todos los jóvenes para seleccionar el indicado. Sale la princesa muy hermosa con una rosa blanca en la

mano y se sienta en su trono, en el centro de la rueda hecha por todos los apuestos jóvenes, y comienza a mirar a los jóvenes uno a uno con una gran sonrisa. Aquel a quien ella le pegara con la rosa que ella tenía en la mano sería el elegido.

La princesa buscaba entre los jóvenes y nadie le parecía, no tenía química con ninguno. Gabriel estaba ocupado y eso de la gran fiesta no era algo que lo entusiasmara, pero ya casi a la medianoche decide ir a la gran fiesta. Se arregló algo normal, no se puso su mejor traje. Al llegar al salón, había mucha gente, y Gabriel entre las personas parado en puntillas se asoma para ver a la princesa, ya que él no la conocía, nunca la había visto, pero todos hablaban y decían que la princesa era muy hermosa, y él por curiosidad se asoma. Al asomarse, recibe el golpe en la cara con una rosa blanca. Gabriel, enojado porque no logró ver a la princesa y por el golpe con la rosa. No fue duro el golpe, sino que le sorprendió. Cuando Gabriel recibe el golpe con la rosa, de inmediato se oían gritos y aplausos. De pronto llegaron dos caballeros y lo escoltaron hasta la presencia del rey.

Cuando el rey Luis Alberto conoce a Gabriel, no le pareció que fuera el indicado y llama a la princesa Arantza a un sitio privado y le platica de qué pasó, si había tantos jóvenes apuestos, bien vestidos y de buena familia, y ella había elegido al más humilde. La princesa le contestó a su padre que no le gustó ningún otro, pero cuando vio a ese humilde muchacho, fue quien la deslumbró. El rey algo enojado le dice a la princesa:

—Bueno, como esa fue mi condición, la voy a respetar, pero ese muchacho no me gusta para ti ni para que sea el rey.

A la princesa, cuando conoció a Gabriel, le gustó aún más, y Gabriel sintió algo hermoso también por la princesa cuando la vio; eso fue amor a primera vista.

El rey, Luis Alberto, algo enojado no sabía qué hacer para separar a la princesa del humilde muchacho y le pone otra condición: él aceptaría que se casaran, pero él le daría un año. Depende de su comportamiento, al año después de casados lo nombraría rey y vendrían a vivir al castillo, pero al casarse la princesa Arantza con Gabriel se fuera con él, no vivirían en el castillo. La princesa Arantza aceptó la condición.

Había una gran confusión. El rey no quería que su hija se fuera con ese muchacho, pero tenía que aceptar; tampoco quería quedar solo. Gabriel estaba enamorado de la princesa, pero pensaba en qué haría después de que se casara con la princesa, a dónde la llevaría, porque él vivía en una habitación de una residencia.

La que estaba feliz era la princesa Arantza, estaba superemocionada porque se iba a casar con el muchacho que le gustaba.

Comienzan los preparativos para el matrimonio, toda la ciudad andaba feliz porque tendrían nuevo rey. No todo era felicidad porque algunos de los hijos de las mejores familias de la ciudad estaban enojados porque la princesa no los eligió y había elegido a ese recién aparecido y donnadie.

Llegó el día del matrimonio de la princesa Arantza y Gabriel, la ciudad estaba toda de celebración, era el acontecimiento del momento.

Gabriel no pudo avisar a su padre Eloy de que se casaría. Se sentía solo, pero estaba muy dichoso y feliz. Se casaron en la catedral de la ciudad y luego entre una caravana de carruajes de la época fueron escoltados hasta el castillo donde se celebraría la gran fiesta por el matrimonio.

La fiesta duró toda la noche y en la madrugada Gabriel y Arantza salen del castillo para mirar el amanecer. Era un amanecer hermoso. Gabriel le dice a Aranza que den un paseo a caballo en la madrugada y Arantza estaba emocionada porque nunca había hecho esas cosas, porque su padre, el rey, no se lo permitía.

Gabriel fue a las caballerizas y trajo ensillado a su caballo y gran amigo Centella. Salen a dar el paseo por los alrededores del castillo donde había muchos árboles y una inmensidad de terreno. Allí Centella destacó corriendo como él lo sabía hacer.

Después de tanto galopar, ya cansados, Gabriel y Arantza se acuestan en la grama a mirar el amanecer y se quedaron dormidos abrazados. Cuando despertaron, ya habían pasado las nueve de la mañana. Se miraron, se abrazaron, se dijeron cuánto se amaban el uno al otro. En ese momento, Gabriel reaccionó.

—¿Y ahora qué vamos a hacer?

Arantza sabía que Gabriel vivía en una habitación de una residencia y a Gabriel le daba pena llevarla a vivir allí, pero no tenía de otra. Arantza estaba feliz con Gabriel, no le importaba para dónde la llevara con tal de estar con él.

En ese momento, Gabriel le dice a Arantza que vayan al castillo a buscar sus cosas personales y parte de sus ropas. Centella estaba parado cerca de donde están Gabriel y Arantza platicando y escucha todo, pero no quería intervenir en la conversación porque no sabía cómo Arantza reaccionaría si sabía que él hablaba; pero en un descuido de Arantza, Centella le susurra a Gabriel que le pregunte a Arantza si todo ese terreno pertenece al rey, y Gabriel le pregunta a Arantza y ella dice que sí. Centella le susurra a Gabriel muy cerca al oído y le dice que lleve a Arantza al castillo y luego regresar a ese sitio otro vez; Gabriel acepta la propuesta de Centella porque sabía que Centella estaba preparando algo bueno para ellos.

Gabriel hace como Centella, le dijo que fueron al castillo a llevar a Arantza a buscar sus cosas y a despedirse de su padre, porque al regresar se iría a vivir con Gabriel. Gabriel deja a Arantza en el castillo y regresa con Centella al sitio donde amanecieron Gabriel y Arantza.

Ya estando allá, Centella le dice a Gabriel que lo quiere mucho y que él fue y será su único y mejor amigo. Gabriel emocionado abrazó a Centella muy fuerte y le contestó con lágrimas de felicidad en sus ojos:

—¿Qué pasó, amigo? Me leíste el pensamiento. Eso eres tú para mí, mi amigo.

Y Centella le pregunta a Gabriel:

—¿Eres feliz?

Gabriel responde que sí, que mucho, pero que su felicidad sería completa si volviera a ver a su padre.

Centella le dice a Gabriel:

—No te preocupes, que tu felicidad va a ser completa. Arranca un pelo de mi crin, préndelo y cierra los ojos, que el deseo que te voy a conceder es tu regalo de bodas.

Gabriel prendió el pelo que arrancó de la crin de Centella y cerró los ojos. Al ratico, sintió una brisa fresca que le acariciaba la cara. Quería abrir los ojos, pero esa sensación de frescura con felicidad no se lo permitía; pero poco a poco fue abriendo los ojos. Cuando de pronto se da cuenta de lo que había pasado, quedó maravillado: frente a él estaba el castillo más hermoso que habían visto sus ojos. Gabriel no sabía qué hacer y le pregunta a Centella qué pasó, y Centella le dice:

—Este es tu regalo de bodas, Arantza es una reina y tú siempre fuiste un rey; por eso se merecen su propio castillo y el más grande y bonito de todas estas regiones. ¿Qué creíste?, ¿que yo iba a permitir que llevaras a la princesa Arantza a vivir donde tú vivías? Pues no. Y no te di ese regalo antes porque quería que la princesa Arantza te escogiera por lo que eres y no por lo que tienes.

Gabriel agradecido se puso a llorar, agradeció a Dios por poner a Centella en su camino y hacerlo parte de su vida. Gabriel estaba feliz. Centella le propone a Gabriel que, para cuando se fuera a mudar al castillo, hagan una gran fiesta de inauguración, con mucha comida; que no se preocupara, que él ponía todo.

Gabriel no sabía qué hacer, pero estaba feliz, dichoso. Ahora lo más difícil: de qué manera iba a decirle a Arantza lo que había pasado.

Llegó el momento, Gabriel fue a buscar a Arantza al castillo de su padre y, cuando decide hablar con ella, oyen muchos ruidos, gritos, y se asoman por una ventana del castillo y ven una multitud de personas en las afueras del castillo. Deciden bajar a ver qué sucede y las personas dicen que vieron un centello de luz cerca del castillo y de la nada apareció un hermoso castillo. Las personas estaban asustadas porque pensaban que eso era producto de la bebida que habían tomado y que estaban borrachos, y por eso vieron eso. En ese momento Gabriel le dice a la princesa Arantza que esa era la sorpresa que él le iba a dar y que ese sería su castillo. En ese momento, la princesa Arantza les dice a todas las personas que habían ido al castillo del rey:

—Avisen a la ciudad; la fiesta continúa, pero en mi castillo.

Arantza habla con su padre y le cuenta lo sucedido. El rey también estaba impresionado, no sabía qué hacer, y en ese momento decide hacer la proclamación del reinado a Gabriel. El evento sería en el nuevo castillo, o sea, en el castillo de la princesa Arantza.

La princesa Arantza decide descansar un poco para estar bien para la gran fiesta de la noche. Gabriel se va a su castillo para preparar todo con Centella. Entre los dos arreglaron todo muy hermoso, pusieron muchas flores y arreglaron todo bellísimo. Cuando todo estaba listo, Gabriel se recuesta a descansar un poco para estar bien a la noche.

La ciudad estaba eufórica, no había otra conversación sino la del nuevo rey y el gran evento de la noche.

En el campo, Eloy siempre recordaba a Gabriel y con ganas de ver a su hijo. Un buen día decide ir a buscarlo y empieza a hacer recorrido por todos los pueblos. Preguntando llegó al pueblo donde Gabriel trabajó hasta hacerse hombre, y su patrón para ese tiempo habla con Eloy y le dice que Gabriel trabajó para él por varios años y que se formó un gran hombre, pero un buen día se fue a la ciudad.

Eloy siguió rumbo a la ciudad a buscar a su hijo Gabriel. Al llegar a la ciudad, se encuentra con que la ciudad está eufórica y todas las conversaciones eran sobre el nuevo rey. Eloy estaba todo confundido en la ciudad, ya que él nunca había salido del campo y la ciudad le parecía inmensa.

Eloy busca dónde hospedarse y, para su fortuna, se hospeda en la misma residencia donde estaba Gabriel hospedado. Eloy, cansado por el viaje y la edad, decide ir a descansar un rato.

Ya en la noche, Eloy sale de la habitación y la señora de la residencia le pregunta a Eloy si no va a ir a la fiesta de la coronación del nuevo rey. Eloy le dice que no porque quiere descansar, porque mañana tiene que salir temprano a buscar a su hijo, al que hace años que no ve, y que le dijeron que se encontraba en la ciudad. La señora le pregunta:

—¿Y cómo se llama su hijo?

Eloy responde:

—Gabriel.

La señora le contesta:

—Qué casualidad, aquí está hospedado un joven que se llama Gabriel y que a partir de hoy será nuestro nuevo rey.

—Ah, caramba.

Más confundido aún, le pregunta a la señora que cómo era él físicamente. La señora se lo describe, pero Eloy no podía asegurar que se tratara de su hijo, ya que tenía muchos años sin verlo y no sabía los cambios que pudo haber tenido; pero por las descripciones de la señora había cosas que le hacían pensar que podía ser Gabriel su hijo.

Eloy decide ir a la fiesta de la coronación del rey y le dice a la señora de la residencia que si él puede ir con ella. La señora muy amable le dijo que sí.

Eloy regresa a la habitación a arreglarse para ir a la fiesta, pero su vestimenta era sencilla, ya que él no fue a la ciudad con la intención de ir a grandes eventos.

Al llegar al castillo, todos reunidos en un gran salón, Eloy se sentía como cucaracha en gallinero. De pronto, todos aplauden y gritan:

—¡Vienen el rey y la princesa!

Eloy, nervioso, viendo tanto lujo y tanta belleza, dudaba que ese Gabriel fuera su hijo.

De pronto sale el rey con la princesa Arantza y saludan a toda la multitud. En ese momento sale Gabriel vestido con ropa de gala, con todo el salón eufórico de risas, alegrías, aplausos, gritos, todos felices. Gritaban:

—¡Tenemos nuevo rey!

Eloy ve a Gabriel, pero sus ojos lo engañaban, no podía creer que ese hermoso caballero sería su hijo; pero su corazón no, su corazón decía que ese Gabriel era ese pequeño que una tarde salió de su casa y nunca más regresó. Gabriel saludó y en ese momento comenzó el acto de coronación.

Gabriel entre la multitud pudo ver a la señora de la residencia y le dio gusto verla, ya que él no tenía amigos ni conocía a nadie en la ciudad. Vio que la señora lo llamaba haciéndole señas con las manos. Le pareció raro, pero después de todo el protocolo de la coronación, Gabriel busca a la señora entre la multitud hasta encontrarla, pero las personas que estaban no lo dejaban salir, todos querían abrazarlo y darle besos.

Es donde Gabriel habla con una de las personas que trabajan para el rey y le dice que le busquen a la señora que él le señalara y la lleven a otro salón, que él quería hablar con ella. Gabriel nunca se imaginó que volvería a ver a su padre, ya que pensó que la señora de la residencia de pronto quería que él le diera empleo en el castillo.

Su sorpresa fue tan grande que, cuando entra la señora con Eloy al salón, Gabriel se puso a llorar, pero de felicidad al ver a su padre. Gabriel reconoció a Eloy enseguida, aunque su cabeza ya estaba blanca por las canas. Gabriel sintió que su felicidad ya estaba completa, tenía a una gran y hermosa mujer como esposa y a la persona más hermosa para él, su padre Eloy. La señora los dejó solos en el salón. Allí hablaron de cuánto se extrañaban, se dijeron cuánto se querían, se contaron las cosas que habían hecho el tiempo que estuvieron separados, hasta que llegó la princesa Arantza a buscar a Gabriel. En ese momento, Gabriel le presenta a Eloy y le dice a Arantza que él es su padre. Arantza lo abrazó y salieron todos juntos al salón principal, donde Gabriel presentó a Eloy como su padre.

Eloy, feliz por encontrar a su hijo. Gabriel le dijo a la multitud:

—Vamos a hacer un brindis y a celebrar que hoy es el día más feliz de mi vida.

La fiesta duró toda la noche, Eloy se quedó en el castillo con Gabriel y la princesa Arantza.

Al día siguiente, al levantarse, Gabriel y la princesa Arantza invitan a desayunar a Eloy en una de las terrazas. Después del desayuno, Eloy se asoma a la terraza y ve a Centella en la parte trasera del castillo y le pregunta a Gabriel si ese caballo era Centella. Gabriel le contesta que sí y Eloy le dice:

—¿Y Centella está solo? Le falta una compañera.

Gabriel le contesta que él le va a conseguir una compañera. Eloy le contesta:

—Ya no hace falta, porque cuando tú te fuiste, a los años una yegua quedó en embarazo y hace más o menos cuatro años nació una potra muy hermosa, y en ella fue que yo me vine a buscarte, así que más tarde la voy a buscar para traerla al castillo y le haga compañía a Centella.

Centella, como sabía lo que estaban hablando en el castillo, corría y relinchaba feliz.

Eloy se fue a la residencia donde aún tenía sus cosas, fue a buscar sus pertenencias, y luego pasó a buscar la potra para llevarla al castillo, para que le haga compañía a Centella.

Al llegar la tarde, ya todos estaban en el castillo. Gabriel le dice a Arantza que la tarde estaba hermosa, que quería ir al campo. Eloy, Arantza y Gabriel deciden ir a la parte trasera del castillo para tomar una merienda tipo pícnic, donde había muchos árboles y la grama estaba podada, aunque el sol estaba fuerte. El clima era fresco, había vientos frescos que le acariciaban el rostro, cantaban los pájaros, el ambiente era acogedor.

Gabriel y Arantza toman un mantel, una cesta con frutas (manzanas, peras, uvas), un pastel de chocolate, frutas secas, almendras, una botella de vino de la mejor marca de la época y tres copas. Se colocan una vestimenta cómoda y salen. La princesa Arantza se pone un vestido de pequeñas flores, sin mangas, pero largo y de falda ancha, así como una pañoleta, un sombrero y unas zapatillas muy cómodas. Gabriel y Eloy se visten con pantalones de pinzas claros, camisetas blancas y camisa colores pasteles, y zapatos de cuero cómodos sin medias, y salen del castillo.

Al llegar al fondo del castillo, se ubican en un sitio hermoso, se sientan en la grama, colocan todas las cosas en el mantel y hacen un brindis. La princesa Arantza estaba feliz, ella nunca había hecho algo así porque el príncipe Luis Alberto no se lo permitía. Para Gabriel era algo común, porque él siempre lo hacía en el campo donde nació, con la diferencia de que siempre lo hacía solo, pero era algo que le gustaba y que lo disfrutaba mucho.

Ya tenían tiempo en el sitio, tenían una hermosa plática, y Gabriel recuerda los momentos que vivió en el campo y todas las travesuras que él hacía. Arantza se reía de las ocurrencias de Gabriel, pero ella no tenía mucho que contar porque el príncipe Luis Alberto era muy estricto y no la dejaba salir del castillo, y sus pocas amigas la visitaban a ella. Su distracción era la lectura. La plática se hizo tan agradable y el tiempo fue pasando. De pronto llega una paloma blanca que apareció de la nada y cayó en la grama cerca de donde estaban y empezó a caminar alrededor de ellos. Todos estaban reunidos y felices porque muy cerca de donde estaban sentados en la grama Eloy, Gabriel y Arantza, se encontraban Centella y la potra que le había llevado Eloy como compañera para Centella.

Gabriel le dice a Arantza que den un paseo a caballo. Gabriel se monta en Centella y Arantza en la potra, y salen a dar el paseo por el campo.

FIN

Eloy a los días regresa a su finca lleno de emociones, feliz por haber encontrado a su hijo.

Gabriel y Arantza son felices en su castillo.

Arantza con los años tiene unos gemelos, un niño y una niña, quien sería el príncipe; lo llamó Sebastián, y a la princesa la llamó Flor.

El rey Luis Alberto quedó en su castillo solo, pero Arantza, Gabriel, Sebastián y Flor lo visitaban a diario. Vivió por muchos años, hasta ancianito, y fue muy feliz con su familia, en especial sus nietos, que eran muy traviesos.

Centella feliz ya tenía compañera y su familia también creció. La potra quedó embarazada.

Y aquella paloma blanca que cayó cuando estaban sentados en la grama era un ángel que bajó del cielo: era Elvira, la madre de Gabriel, quien también estaba feliz y bajó para compartir con su familia.

Honor a Paito